W0384159

Lieblingsmomente

auf der Reise durch das Leben

Wort im Bild

Lieblingsmomente auf der Reise durch das Leben
Miriam Roll

Best. Nr. 878.986 • ISBN 978-3-88654-986-3

Druck: WortimBild-Printcenter

Bild- und Textnachweise:
Umschlag Fotolia/scerpica, 5 Pixelio/Rainer Sturm, 7 Fotolia/Masson,
8 Pixelio/www.hamburg-fotos-bilder.de, 12 Fotolia/kichigin19, 17 Fotolia/Hexe 061277,
18 Fotolia/topdeq, 21 Pixelio/Dieter Schütz, 23 Pixelio/Gerd Pfaff, 24 Fotolia/Yuri Bizgaimer,
26 Fotolia/YuriArcunis, 29 Pixelio/Harry Hautumm, 32 Pixelio/NOBBY, 34 Fotolia/grthirteen,
39 Pixelio/Rainer Sturm, 40 Fotolia/the rock, 42 Fotolia/robynmac,
45 Fotolia/Doris Bredow, 46 Fotolia/halfpoint

25/27/28 Sara Lorenz, © 2010 Gerth Medien Musikverlag, Asslar
34-39 Verfasser unbekannt

Lieblingsmomente

Glücklich sein
ist wie eine herrliche Süßspeise.
Möge dir das Leben
mehr davon geben,
als du je aufessen kannst.

Altirischer Segenswunsch

Auf der Reise

Unser Leben ist eine Reise. Jahr für Jahr wandern wir durch die Tage, die uns geschenkt werden. In unserer heutigen Zeit ist unser Alltag oft von Druck und Hektik geprägt. Von vollen Terminkalendern und Verpflichtungen. Das Leben ist schnell und wird gefühlt immer schneller. Planen wir nicht bewusste Auszeiten ein, hat unsere Seele kaum die Möglichkeit nachzukommen. Lieblingsmomente in unseren Alltag einzubauen, hilft uns, unser Leben zu verlangsamen. Wir brauchen sie, um uns aus dem Rennen zu nehmen und inne zu halten.

Das fällt uns jedoch nicht leicht, da wir uns über unser Tun und unsere Leistungen definieren. So werden wir von Kindesbeinen an erzogen und irgendwann glauben wir selbst daran. Gott denkt da aber ganz anders über uns. Er möchte uns stattdessen mit seiner Liebe und Annahme eine neue Basis für unser Leben schenken. Sie sind Gottes geliebte Tochter - das ist Ihre Identität. Diese ist unabhängig davon, was Sie leisten oder was andere oder Sie selbst von sich denken. Wenn wir lernen, in seiner Liebe zu ruhen, sodass sie unser Herz erfüllt, dann fällt es uns immer leichter, Lieblingsmomente zu leben. Unser Leben ist ein Geschenk. Wir dürfen unsere Reise genießen.

Sein, wie ich bin

Bevor Sie weiter lesen, überlegen Sie selbst einmal, was für Sie persönlich Lieblingsmomente sind und was sie für Sie ausmachen. Lieblingsmomente sind bei jedem von uns ganz unterschiedlicher Natur. Wann und wobei fühlen Sie sich lebendig?

Zeit mit Freundinnen oder der Familie
gutes Essen
ein romantisches Buch lesen
die Natur genießen
durch Geschäfte schlendern
eine wohltuende Massage
ein Besuch im Kino oder Museum
ein Urlaub am Meer,
Gartenarbeit, etc.

Als ich mir eine Liste meiner Lieblingsmomente erstellt habe und daneben mein Leben betrachtete, merkte ich schnell, dass solche Momente oft zu kurz kommen. Wir wissen genau, dass Lieblingsmomente uns Kraft geben, trotzdem verschieben wir sie immer wieder und stellen sie zurück für das angeblich „wahre Leben“.

Vieles in unserem Leben ist oft lauter, scheinbar wichtiger und dringlicher. Die Zeit für Lieblingsmomente ist gerade ungünstig. Unsere To-do-Listen und das, was andere von uns denken und erwarten, geben den Ton in unserem Alltag an. Ich glaube, eine der Hauptursachen ist, dass wir denken, wir seien es nicht wert, das Leben zu genießen und uns etwas zu gönnen. Wir denken, wir müssten uns solche Momente erst verdienen. Wir fühlen uns unfrei und in irgendwelche Erwartungen verstrickt.

Die gute Nachricht ist, dass Gott schon längst „Gefallen“ an uns hat. Sie gefallen ihm, so wie Sie sind. Gott stellt keine Bedingungen. Seine Liebe ist ein Geschenk.

Das gibt uns Ruhe. Wir müssen ihm, uns selbst und auch anderen nichts beweisen. Wir dürfen so sein, wie wir sind. Gott beschneidet unser Leben nicht, das sind meist wir selbst. Wir beschneiden uns und verzichten auf Lieblingsmomente - aus Angst, Unsichheit und Stolz. Das Schlimmste ist, wir fühlen uns auch noch gut dabei.

Aber unser Leben muss nicht so bleiben. Egal wie alt wir sind, wir haben immer eine Chance auf Veränderung. Lieblingsmomente sind das, was wir zum Leben brauchen. Hierbei fühlen wir uns lebendig, sammeln neue Kraft, können auftanken, entspannen und finden neue Inspiration. Und genau das möchte Jesus für unser Leben.

Jesus sagt:

Ich aber bin gekommen,
um ihnen das Leben zu geben,
Leben im Überfluss.

Johannes 10,10

Einfach leben

Du

bist der Gott,

der mich sieht.

1. Mose 16,13

Das Leben genießen

Unsere Zeit rennt und ist meist verplant. Der Mensch unserer westlichen Kultur hat „keine Zeit“. Wie können wir unseren Alltag gestalten, dass wir uns nicht ständig wie durchs Leben Getriebene fühlen?
Schaffen wir Zeit für das Leben und geben uns die Erlaubnis zur Langsamkeit. Wir dürfen zur Ruhe kommen. Bauen wir immer wieder Pausen ein auf unserer Reise durch das Leben. Pausen für die schönen Dinge, für Lieblingsmomente, die uns neue Kraft geben. Packen wir unser Leben nicht zu voll, sodass noch Platz ist für die Fülle, die Gott uns schenken möchte. Ansonsten fliegt das Leben einfach an uns vorbei und wir fragen uns jedes Jahr wieder neu an unserem Geburtstag, wo das vergangene Jahr geblieben ist.

Spontanität ist für die meisten Erwachsenen ein Fremdwort geworden. Probieren wir neue Dinge aus. Denken Sie mal an Ihre Kindheit zurück und überlegen Sie, was Ihnen besonders Spaß gemacht hat? Wobei fühlten Sie sich lebendig? Kinder kennen meist ihre Bedürfnisse und folgen ihnen instinktiv. Wir Erwachsenen verlernen mit der Zeit, auf unser Herz zu hören. In der Welt der Kinder muss nicht jedes Tun einen Zweck oder ein Ziel haben. Kinder probieren einfach aus, spielen drauf los und genießen den Augenblick. Wir können von ihnen lernen, im Hier und Jetzt zu leben und das Leben nicht auf später zu verschieben.

In Momenten verharren, unsere Seele berühren lassen und uns etwas gönnen, müssen wir meist erst wieder lernen. Gott möchte uns damit beschenken.

*Mögest du
immer einen Blick
für das Sonnenlicht haben,
das sich in deinen Fenstern spiegelt
und nicht für den Staub,
der auf den Scheiben liegt.*

Altirischer Segenswunsch

Tempo I
158

Ich weiß,

du hast es nicht gewählt,
dass du geboren wurdest.
Und diese Welt hat dich auch nicht
mit Samthandschuhen angefasst.
Ich glaube, du suchtest für dich,
wenn du entscheiden könntest - in einer
anderen Geschichte einen anderen Platz.
Doch es hat dich kein böser Zufall
in die Welt gesetzt.

Du bist gewollt, du bist gewählt -
genau so wie du bist !

Du lebst,
weil jemand dich wollte.
Weil jemand dich meinte.
Weil jemand dich sieht.
Und es ist gut,
dass du lebst.
Das ist deine Chance.
Es ist ein Geschenk.
Du bist geliebt.

Leb das Leben, das er dir gibt.

Vielleicht glaubst du
schon lange nicht mehr
an ein besseres Leben.
Dieselbe Leier Tag für Tag,
das alt gewohnte Trauerspiel.
Doch dieses Lied erinnert dich,
niemals aufzugeben.
Es gibt für dich noch einen Sinn,
für deinen Weg ein neues Ziel.
Denn es ist nicht der Zufall,
dem du ausgeliefert bist.

Du findest Schutz, du findest Halt
in seinem Arm, wenn du ihn lässt.

Sara Lorenz

wertvoll

Du
bist wertvoll
in Gottes Augen!

Der eine Fehler bei Frauen

Als Gott dabei war, die Frau zu erschaffen, war er bei der sechsten Überstunde angekommen. Ein Engel erschien und fragte: „Warum verbringst du denn soviel Zeit damit?"

Gott antwortete: „Hast du das Datenblatt gelesen? Sie muss komplett waschbar sein, aber nicht aus Plastik. Sie muss über 200 bewegliche Teile haben, die alle ersetzt werden können und ihr Körper muss auch laufen, wenn sie sich nur von Diätcola und Pfefferminz ernährt. Sie muss einen Schoß haben, auf dem vier Kinder gleichzeitig sitzen können. Sie muss einen Kuss haben, der alles heilen kann von einem aufgekratzten Knie bis zu einem gebrochenen Herzen - und sie wird dies alles mit nur zwei Händen machen!"

Der Engel war über die Ansprüche erstaunt: „Nur zwei Hände?! Und das beim Standardmodell? Das ist zuviel Arbeit für einen Tag, Gott, warte bis morgen, um sie fertig zu machen." „Das werde ich nicht, mein lieber Engel", sagte Gott, „ich bin so nah dran, diese Kreation, die mir so ans Herz gewachsen ist, zu fertigen."

Der Engel trat näher und berührte die Frau: „Aber du hast sie so weich gemacht, lieber Gott." „Sie ist weich", stimmte Gott zu, „aber ich habe sie auch hart gemacht. Du hast keine Ahnung was sie dulden bzw. durchsetzen kann."

„Wird Sie denken können?", fragte der Engel. Gott antwortete: „Sie wird nicht nur denken können, sie wird erörtern und verhandeln können."

Der Engel bemerkte etwas, streckte seine Hand aus und berührt die Wange der Frau. „Upps, es sieht aus als hättest du eine undichte Stelle in diesem Modell. Ich habe dir ja gleich gesagt, dass das alles zuviel Arbeit für einen Tag ist." „Das ist keine undichte Stelle", korrigierte Gott,

„das ist eine Träne!" „Für was ist die Träne?", fragte der Engel. Gott antwortete: „Die Träne ist eine Möglichkeit, mit der sie ihre Freude, ihren Schmerz, ihren Kummer, ihre Enttäuschung, ihre Liebe, ihre Einsamkeit, ihr Bekümmernis und ihren Stolz ausdrücken kann."

Der Engel war sehr beeindruckt: „Gott du bist ein Genie, du hast an alles gedacht! Frauen sind wirklich erstaunlich."

Ja, das sind sie wirklich! Frauen haben Stärke, um Männer zu erstaunen. Sie ertragen Not und Belastungen, aber sie halten immer Freude, Liebe und Glück in sich. Sie lächeln, wenn sie schreien möchten. Sie singen, wenn sie weinen möchten. Sie weinen, wenn sie glücklich sind und lachen, wenn sie nervös sind. Sie kämpfen für das, an das sie glauben. Sie stehen auf gegen Ungerechtigkeit. Sie akzeptieren kein „Nein", wenn sie denken, dass es eine bessere Antwort gibt.

Sie gehen zum Doktor mit einem ängstlichen Freund. Sie lieben ohne Vorbehalt. Sie weinen wenn, ihre Kinder hervorragende Leistungen erbringen und jubeln, wenn ihre Freunde Auszeichnungen bekommen.

Sie freuen sich, wenn sie von einer Geburt oder einer Hochzeit hören. Ihre Herzen sind traurig, wenn ein Freund stirbt. Sie sind bekümmert über den Verlust eines Familienmitgliedes. Sie sind stark, auch wenn sie denken, dass es keinen Ausweg mehr gibt. Sie wissen, dass ein Kuss und eine Umarmung ein gebrochenes Herz heilen können.

Frauen gibt es in allen Formen, Größen und Farben. Sie würden zu dir fahren, fliegen, laufen, rennen oder dir mailen, nur um zu zeigen, wie sehr sie sich um dich kümmern.

Das Herz einer Frau ist es, was die Welt zu einem schönen Ort macht. Sie bringen Freude, Liebe und Hoffnung. Sie haben Mitgefühl und Ideale. Sie geben ihren Freunden und ihren Familien moralischen Beistand.

Frauen haben wichtige Dinge zu sagen und geben alles. Wie auch immer. Wenn es einen Fehler bei Frauen gibt, ist es der, dass sie vergessen,

was sie wert sind!

Fürchte dich nicht,
denn ich habe dich erlöst;
ich habe dich
bei deinem Namen gerufen;
du bist mein.

Jesaja 43,1

Gottes Liebesbrief an dich

Ich schreibe dir diesen Brief,
weil du wertvoll für mich bist.
Wenn ich an dich denke,
steht als erstes Liebe in meinen Augen.
Du kannst mir vertrauen. Bei mir bist du sicher.
Mit dir Gemeinschaft zu haben,
danach sehne ich mich so sehr.
Du bist meine geliebte Tochter,
ein Teil meiner Familie.
Ich sehe dich und leite dich durch dein Leben.
Ich will, dass es dir gut geht und du alles hast,
was du für dein Leben brauchst.

Wenn du traurig bist,
möchte ich dich trösten.
Wenn du dich einsam fühlst,
komme in meine Arme.
Du darfst mir alles sagen,
auch deine Sorgen und Ängste.
Meine Kraft schenke ich dir.
Meine Hoffnung strahle in dir.
Mein Frieden durchflute dich.
Auch wenn du mich nicht immer spürst,
ich bin dir ganz nah.
Ich trage und bewahre dich.
Du gehörst zu mir.

Gott, dein Vater, Herr und Freund

Ich
liebe
Dich

Der gesegnete Regen,
der köstliche, sanfte Regen,
ströme auf dich herab.
Die kleinen Blumen
mögen zu blühen beginnen
und ihren köstlichen Duft ausbreiten,
wo immer du gehst.

Altirischer Segenswunsch

Wir sind von Gott

gesehen,
geliebt,
gesegnet.